¿Los policías solo les disparan a las personas como yo?

¿Los policías solo les disparan a las personas como yo?

STAN CAMPBELL

¿LOS POLICÍAS SOLO LES DISPARAN A LAS PERSONAS COMO YO?
Publicado por Coach, Speak & Serve
Copyright© 2021 Stanley Campbell

Todos los derechos reservados.

Ninguna parte de este libro puede ser reproducida, distribuida o transmitida en cualquier forma por cualquier medio, gráfico, electrónico o mecánico, incluyendo fotocopia, grabación en video o cinta, o por cualquier sistema de almacenamiento o recuperación de información, sin el permiso por escrito del editor, excepto en el caso de reimpresiones en el contexto de revisiones, citas o referencias.

Impreso en los Estados Unidos de América

ISBN: 978-0-578-82885-5

Los descuentos especiales están disponibles en las compras al mayoreo por clubes de lectura, asociaciones y grupos de intereses especiales. Para más detalles, envíe un correo electrónico a support@coachspeakserve.com.com o llame al (800) 930-1895.

Para obtener más información, visite www.dopethemovement.com/books.

DEDICATORIA

Este libro está dedicado a nuestros jóvenes y al "Pueblo", que son los niños, padres, profesionales y agentes de policía de todo el país. Creo que la reducción de hostilidad es una responsabilidad compartida entre el ciudadano y el oficial (50/50), por lo que todos deberíamos estar capacitados para obtener el más seguro y mejor resultado.

AGRADECIMIENTOS

Quiero agradecer a mi familia, socios comerciales y amigos que apoyan mis proyectos de "propósitos".

Gracias a mis padres, Mona y Clifton, por alentar a sus hijos a trabajar duro en todo lo que hacemos, cuestionar lo que no entendemos y desafiar la injusticia.

Gracias a mis asesores del movimiento D.O.P.E., Don West, Donna Hicks Izzard, Dr. Alexis Artwohl, Dra. Pamela Wiley y Det. John "Rob" High, por mantenerme enfocado y compartir conmigo su sabiduría.

Gracias a mi hermana, Tisha Campbell-Martin, por ser la primera persona en pedirme que creara matcrial de encuentro policial para compartir en las redes sociales.

Gracias a mi gerente de marca, Aprille Franks-Hunt, quien se negó a permitir que D.O.P.E. fuera solo un "Momento" y me presionó para que lo convirtiera en un "Movimiento". Gracias a su increíble equipo por ayudarme a crear y pulir mi marca.

Gracias a mi socia de Spectrum Shield, Dra. Pamela Wiley, por su apoyo y trabajo. Este programa, asociado con D.O.P.E., está diseñado para enseñar a los jóvenes con autismo cómo hacer que los encuentros policiales sean seguros.

Gracias a mis hijos, Mikaela y Devin, por convertirse en adultos increíbles y usar lo que les enseñé durante sus encuentros con las fuerzas del orden.

Papá, antes de que te vayas a trabajar, explícame lo que estoy viendo en la televisión. Parece que los policías solo les están disparando a las personas que son como yo.

Hijo, las cosas se ven muy mal, en las redes sociales e incluso en las noticias, los videos virales, las fotos, entiendo por qué estás confundido.

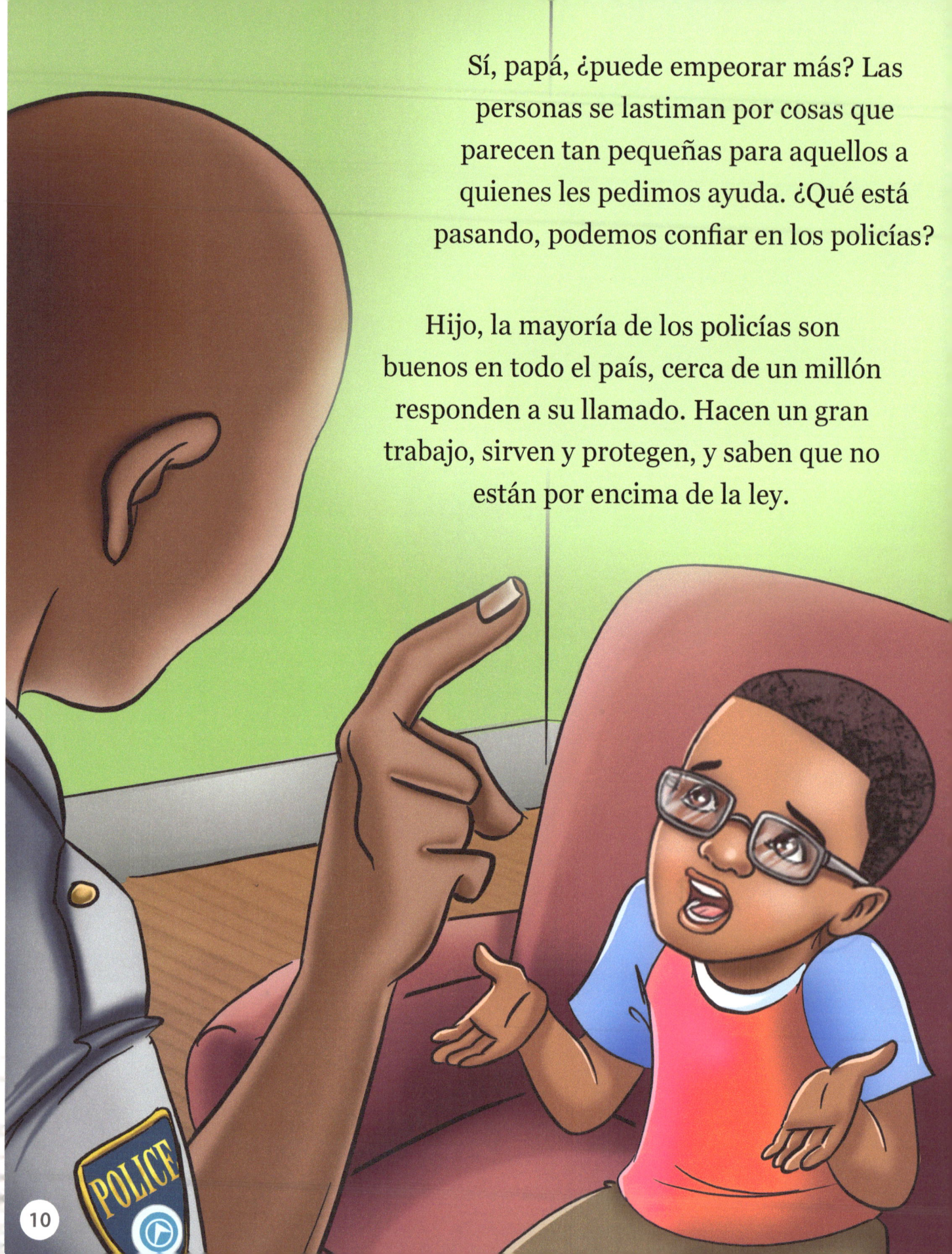

Sí, papá, ¿puede empeorar más? Las personas se lastiman por cosas que parecen tan pequeñas para aquellos a quienes les pedimos ayuda. ¿Qué está pasando, podemos confiar en los policías?

Hijo, la mayoría de los policías son buenos en todo el país, cerca de un millón responden a su llamado. Hacen un gran trabajo, sirven y protegen, y saben que no están por encima de la ley.

Pero papá, veo protestas y a mucha gente con las manos en el aire; y carteles que dicen "No puedo respirar", "Por favor, no me disparen", y parece que a la policía no le importa.

Hijo, siempre es trágico. Las emociones son intensas, la gente se enoja y las tensiones aumentan. Cualquier mal tiro es demasiado, y la indignación pública no es una sorpresa.

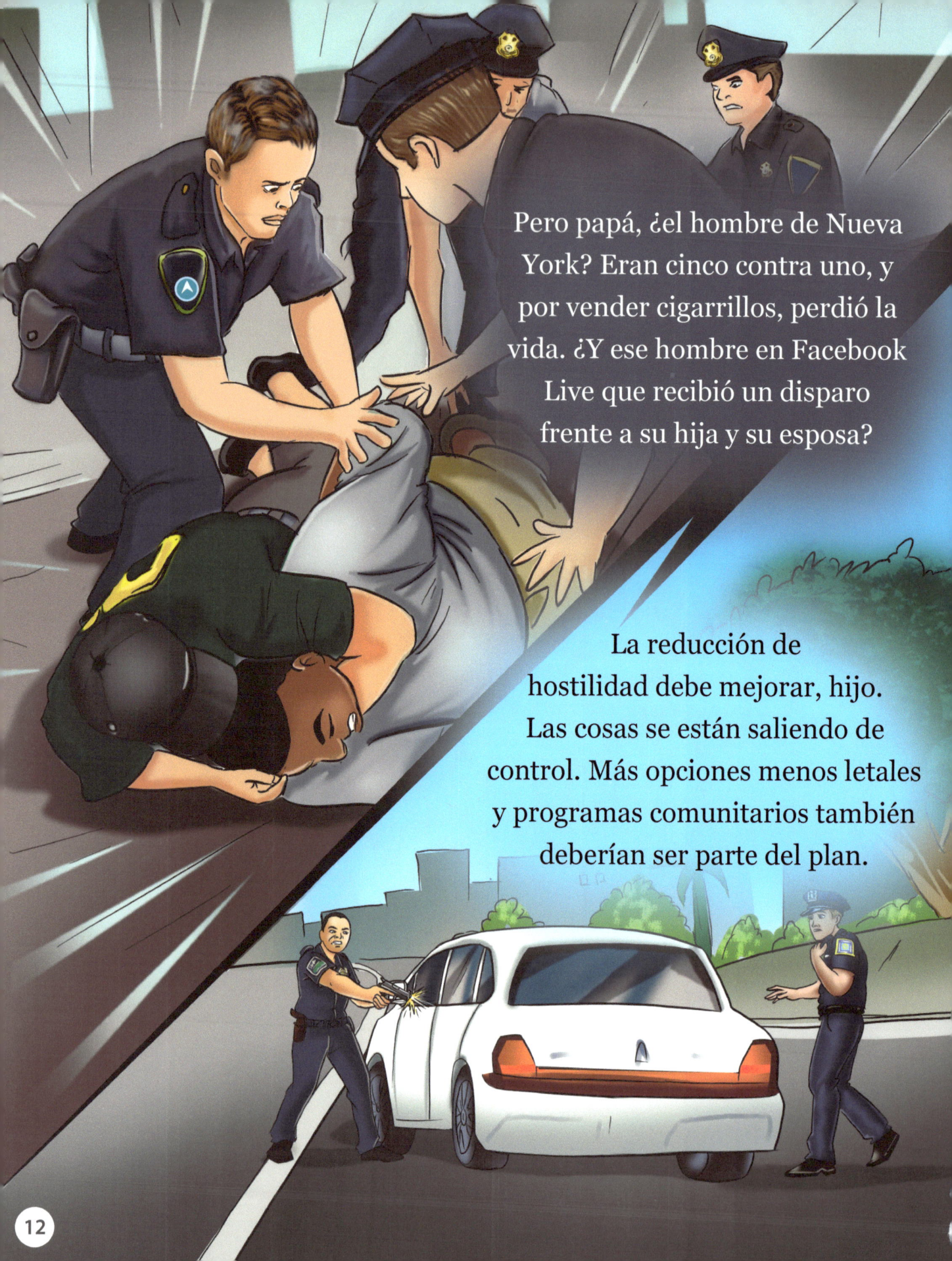

Bueno, papá, no parece justo, como Tamir con la pistola de juguete; ¡incluso las personas sin armas mueren! Siempre dices que los policías necesitan más entrenamiento, pero ¿es el racismo la verdadera razón?

Hijo, las relaciones raciales en esta nación realmente tienen un pasado difícil. Pero los agentes de policía con menos entrenamiento, lo sigo afirmando, aprietan el gatillo demasiado rápido.

Papá, estoy enojado por ellos. Parece que no hay justicia, ya que la lista de hashtags es larga. Los policías no son castigados, es tan confuso, como si no hubieran hecho nada malo.

Es caso por caso, hijo. Algunos son declarados culpables si hacen un uso excesivo de la fuerza. Existe una investigación, un tribunal, y un jurado, una decisión dictada, y la cárcel, por supuesto.

Pero papá, ¿y si me acusan y no hice lo que dijo el oficial? ¿Qué pasa si el oficial no es profesional o usa malas palabras, o si sé que no me leyeron mis derechos?

Hijo, solo cumple. Durante la detención no es el momento de dar a conocer tu versión. Hay supervisores con los que puedes quejarte más tarde. Tu único trabajo es llegar a casa.

Papá, voy a compartir esta información con mis amigos en Internet y en la escuela, sobre respetar, hacerlo seguro para ambos lados, y que la reducción de hostilidad es genial.

Así es, hijo, cada uno debe hacer su parte y cuidar del otro, sí, es verdad, dejar atrás el ego, obedecer y moverse lentamente cuando esto pasa.

Estoy orgulloso de ser tu hijo, y gracias, papá, por todo lo que haces. Todo lo que sé es que cuando sea grande, quiero ser un buen policía, ¡como tú!

AGRADECIMIENTOS ESPECIALES

Me gustaría dar un agradecimiento especial a todos los departamentos de policía que adoptan la vigilancia comunitaria como filosofía y a aquellos que han aumentado los cursos de capacitación en reducción de hostilidad.

Gracias a todos aquellos que trabajan en los programas P.A.L. y D.A.R.E. y otros proyectos únicos de relaciones y colaboración con la comunidad.

Un agradecimiento muy especial a aquellos oficiales que están al frente para representar a sus departamentos de una manera positiva y a aquellos que dan su tiempo y un esfuerzo extra para "cerrar la brecha" entre los ciudadanos y la policía. Estos son algunos que apoyamos:

- Jefe Joseph Paulino (SBUSD PD) con la iniciativa del Foro Comunitario Learn 2 Live.
- Comandante C. Huth (KCMO PD) con la iniciativa de Liberar el poder del respeto incondicional.
- Teniente Wayland Cubit (OCPD) con el programa de Conciencia familiar y Trabajo en equipo de la comunidad.
- Oficial Tommy Norman (Little Rock, Arkansas PD) con su iniciativa de Policía comunitaria positiva.
- Oficial Deon Joseph (LAPD - División Skid Row) con el programa de Tutoría justo para ti.
- Oficial Billy Ray Fields (Ocilla, Georgia PD) con las iniciativas Squad Up y Good Cops.
- Oficial Jennifer Maddox (Chicago PD) con la organización sin fines de lucro Future Ties Community Program.
- Oficial Lamar Sharpe (Canton, OH PD) con la Iniciativa Be a Better Me.

ACERCA DEL AUTOR

El experto en uso de la fuerza, activista social y orador Stan Campbell es el director de operaciones de CCW Safe, una organización nacional de membresía de defensa legal para portadores de armas ocultas con licencia. Stan es conocido por su experiencia docente como instructor de aplicación de la ley y ha entrenado personalmente a más de cuatro mil oficiales uniformados y profesionales de la justicia penal en todo el país en el uso adecuado de la fuerza, tácticas defensivas y cómo reducir la intensidad de los encuentros potencialmente violentos. Ha ganado premios de valor, dirigió equipos tácticos y de crimen callejero, y es reconocido por muchos debido a su pasión por el servicio público, su experiencia en encuentros policiales y su impecable sentido de carácter e integridad en su vida y trabajo. Sin embargo, él simplemente se ve a sí mismo como un hombre con una misión: construir un puente más fuerte entre las fuerzas del orden y las comunidades a las que sirven.

Nacido en el tumultuoso centro de la ciudad de Newark, New Jersey, Stan creció en un barrio pobre, a menudo violento. Su primer paso hacia el llamado de su vida fue su trabajo como técnico médico de emergencia en esa misma área, sirviendo junto a agentes de policía en las calles para marcar la diferencia. En ese papel, comenzó a tomar nota de la brecha, cada vez mayor, que la violencia creaba entre las comunidades y la policía. Las secuelas de innumerables tiroteos y asesinatos quedaron grabadas en su espíritu, para siempre. Honrando su deseo de dar un paso hacia su propósito superior, se inscribió en la academia de policía. Ese paso provocó un compromiso de por vida con el servicio público. En el transcurso de veinte años, la ilustre y honrada carrera de Stan en la aplicación de la ley lo llevaría de oficial de patrulla a teniente, de la Unidad de Crímenes Callejeros a la Unidad Táctica de Francotiradores (SWAT), y hasta al Caribe para proteger, servir y enseñar, todo el tiempo buscando internamente lo que debería hacer a continuación. Ese siguiente paso fue levantarse y hablar: por los oficiales, por los ciudadanos y por una nación ponderada por la violencia, las tensas relaciones raciales y la incertidumbre.

Cada caso, cada emergencia y cada tiroteo que involucraba oficiales amplió su visión sobre la dinámica entre las fuerzas del orden y las personas a las que sirven, particularmente los jóvenes en comunidades desfavorecidas. Stan sabía que su llamado era ser un catalizador para el cambio en su comunidad y, pronto, en la nación.

Hoy, se esfuerza por ser una voz informada que pueda construir un puente entre el público y los agentes de policía, humanizando a ambas partes y, en última instancia, creando un diálogo crítico que pueda conducir a encuentros menos violentos.

Dirigido por su pasión, motivado por este propósito, y preparado por su experiencia, Stan está en una posición única para expandir el diálogo entre oficiales y ciudadanos. Él aborda esta tarea desde dos ángulos conocidos: capacitación y servicio. Recientemente presentó D.O.P.E. (De-escalating Office Patrol Encounters), un programa integral de capacitación y concienciación que comparte, de manera simultánea, consejos de la industria y consejos de capacitación personal a ciudadanos y oficiales de policía. Stan, también, planea prestar su experiencia a las comunidades para promover protestas pacíficas y asociaciones entre grupos de ciudadanos y agencias de aplicación de la ley.

Dedicado a erradicar los mitos, la falta de comunicación y los conceptos erróneos que toman vidas en lugar de salvarlas, Stan Campbell es una voz para la justicia, la equidad y la protección de las vidas en todas partes.

ATENCIÓN PADRES – ÚNANSE AL MOVIMIENTO

Por favor, tome nuestro compromiso gratuito de reducción de hostilidad en

WWW.DOPETHEMOVEMENT.COM

D.O.P.E. es un programa fiscalmente patrocinado con Social Good Fund, una organización 501(c)3

www.ingramcontent.com/pod-product-compliance
Lightning Source LLC
Chambersburg PA
CBHW041155290426
44108CB00002B/81